A Charlotte Mason

Book of Centuries

This edition published 2019
by Living Book Press
Copyright © Living Book Press, 2019

ISBN: 978-1-925729-84-9

If you have downloaded this file from www.livingbookpress.com you are welcome to print and use it as many times as you like for the personal use of you and your family. Please don't print it for profit or distribute this file. Instead, please refer anyone interested to www.livingbookpress.com where they can get a copy of their own.

A catalogue record for this book is available from the National Library of Australia

A Charlotte Mason

Book of Centuries

This Book of Centuries replicates the format sold by the P.N.E.U. as described in The Parents' Review. The only additions I have made is an extra page at the end to include the 21st century and listing the years included included in each century at the top of the page.

At the start of the book is a section for the student to describe some past time periods as well as two spreads for each to draw things found in those times. This is followed by five spreads, each representing a millenia. From 5400 b.c. through to 2100 a.d., each representing a single century. The last five spreads are saved for the drawing of maps and recording details specific to them.

Five years are recorded along each line in the book, with markers at the top and bottom of each page to easily deliniate the columns and make placing events in the right time easier.

LIVING BOOK
PRESS

Prehistoric Periods

Paleolithic (Old Stone) Age

Neolithic (New Stone) Age

Bronze Age

Early Iron Age

Paleolithic (Old Stone) Age

Paleolithic (Old Stone) Age

Paleolithic (Old Stone) Age

Paleolithic (Old Stone) Age

Paleolithic (Old Stone) Age

Paleolithic (Old Stone) Age

Neolithic (New Stone) Age

Neolithic (New Stone) Age

Neolithic (New Stone) Age

Neolithic (New Stone) Age

Neolithic (New Stone) Age

Neolithic (New Stone) Age

Bronze Age

Bronze Age

Bronze Age

Early Iron Age

Early Iron Age

Early Iron Age

Early Iron Age

104th to 95th Centuries B.C.

104th to 95th Centuries B.C.

94th to 85th Centuries B.C.

84th to 75th Centuries B.C.

84th to 75th Centuries B.C.

74th to 65th Centuries B.C.

64th to 55th Centuries B.C.

54th Century B.C.

54th Century B.C.

5400

5395

5390

5385

5380

5375

5370

5365

5360

5355

5350

5345

5340

5335

5330

5325

5320

5315

5310

5305

53rd Century B.C.

53rd Century B.C.

5300

5295

5290

5285

5280

5275

5270

5265

5260

5255

5250

5245

5240

5235

5230

5225

5220

5215

5210

5205

52nd Century B.C.

52nd Century B.C.

5200

5195

5190

5185

5180

5175

5170

5165

5160

5155

5150

5145

5140

5135

5130

5125

5120

5115

5110

5105

51st Century B.C.

51st Century B.C.

51st Century B.C.

5100

5095

5090

5085

5080

5075

5070

5065

5060

5055

5050

5045

5040

5035

5030

5025

5020

5015

5010

5005

50th Century B.C.

5000

4995

4990

4985

4980

4975

4970

4965

4960

4955

4950

4945

4940

4935

4930

4925

4920

4915

4910

4905

49th Century B.C.

49th Century B.C.

4900

4895

4890

4885

4880

4875

4870

4865

4860

4855

4850

4845

4840

4835

4830

4825

4820

4815

4810

4805

48th Century B.C.

48th Century B.C.

4800

4795

4790

4785

4780

4775

4770

4765

4760

4755

4750

4745

4740

4735

4730

4725

4720

4715

4710

4705

47th Century B.C.

47th Century B.C.

4700

4695

4690

4685

4680

4675

4670

4665

4660

4655

4650

4645

4640

4635

4630

4625

4620

4615

4610

4605

46th Century B.C.

46th Century B.C.

4600

4595

4590

4585

4580

4575

4570

4565

4560

4555

4550

4545

4540

4535

4530

4525

4520

4515

4510

4505

45th Century B.C.

45th Century B.C.

4500

4495

4490

4485

4480

4475

4470

4465

4460

4455

4450

4445

4440

4435

4430

4425

4420

4415

4410

4405

44th Century B.C.

44th Century B.C.

4400

4395

4390

4385

4380

4375

4370

4365

4360

4355

4350

4345

4340

4335

4330

4325

4320

4315

4310

4305

43rd Century B.C.

43rd Century B.C.

4300

4295

4290

4285

4280

4275

4270

4265

4260

4255

4250

4245

4240

4235

4230

4225

4220

4215

4210

4205

42nd Century B.C.

42nd Century B.C.

4200

4195

4190

4185

4180

4175

4170

4165

4160

4155

4150

4145

4140

4135

4130

4125

4120

4115

4110

4105

41st Century B.C.

4100

4095

4090

4085

4080

4075

4070

4065

4060

4055

4050

4045

4040

4035

4030

4025

4020

4015

4010

4005

40th Century B.C.

40th Century B.C.

4000

3995

3990

3985

3980

3975

3970

3965

3960

3955

3950

3945

3940

3935

3930

3925

3920

3915

3910

3905

39th Century B.C.

39th Century B.C.

3900

3895

3890

3885

3880

3875

3870

3865

3860

3855

3850

3845

3840

3835

3830

3825

3820

3815

3810

3805

38th Century B.C.

38th Century B.C.

3800

3795

3790

3785

3780

3775

3770

3765

3760

3755

3750

3745

3740

3735

3730

3725

3720

3715

3710

3705

37th Century B.C.

37th Century B.C.

3700

3695

3690

3685

3680

3675

3670

3665

3660

3655

3650

3645

3640

3635

3630

3625

3620

3615

3610

3605

36th Century B.C.

36th Century B.C.

3600

3595

3590

3585

3580

3575

3570

3565

3560

3555

3550

3545

3540

3535

3530

3525

3520

3515

3510

3505

35th Century B.C.

3500

3495

3490

3485

3480

3475

3470

3465

3460

3455

3450

3445

3440

3435

3430

3425

3420

3415

3410

3405

34th Century B.C.

34th Century B.C.

3400

3395

3390

3385

3380

3375

3370

3365

3360

3355

3350

3345

3340

3335

3330

3325

3320

3315

3310

3305

33rd Century B.C.

33rd Century B.C.

3300

3295

3290

3285

3280

3275

3270

3265

3260

3255

3250

3245

3240

3235

3230

3225

3220

3215

3210

3205

32nd Century B.C.

32nd Century B.C.

3200

3195

3190

3185

3180

3175

3170

3165

3160

3155

3150

3145

3140

3135

3130

3125

3120

3115

3110

3105

31st Century B.C.

3100

3095

3090

3085

3080

3075

3070

3065

3060

3055

3050

3045

3040

3035

3030

3025

3020

3015

3010

3005

30th Century B.C.

3000

2995

2990

2985

2980

2975

2970

2965

2960

2955

2950

2945

2940

2935

2930

2925

2920

2915

2910

2905

29th Century B.C.

29th Century B.C.

2900

2895

2890

2885

2880

2875

2870

2865

2860

2855

2850

2845

2840

2835

2830

2825

2820

2815

2810

2805

28th Century B.C.

2795

2790

2785

2780

2775

2770

2765

2760

2755

2750

2745

2740

2735

2730

2725

2720

2715

2710

2705

27th Century B.C.

27th Century B.C.

27th Century B.C.

2700

2695

2690

2685

2680

2675

2670

2665

2660

2655

2650

2645

2640

2635

2630

2625

2620

2615

2610

2605

26th Century B.C.

26th Century B.C.

2600

2595

2590

2585

2580

2575

2570

2565

2560

2555

2550

2545

2540

2535

2530

2525

2520

2515

2510

2505

25th Century B.C.

2500

2495

2490

2485

2480

2475

2470

2465

2460

2455

2450

2445

2440

2435

2430

2425

2420

2415

2410

2405

24th Century B.C.

24th Century B.C.

2400

2395

2390

2385

2380

2375

2370

2365

2360

2355

2350

2345

2340

2335

2330

2325

2320

2315

2310

2305

23rd Century B.C.

23rd Century B.C.

2300

2295

2290

2285

2280

2275

2270

2265

2260

2255

2250

2245

2240

2235

2230

2225

2220

2215

2210

2205

22nd Century B.C.

22nd Century B.C.

2200

2195

2190

2185

2180

2175

2170

2165

2160

2155

2150

2145

2140

2135

2130

2125

2120

2115

2110

2105

21st Century B.C.

21st Century B.C.

2100

2095

2090

2085

2080

2075

2070

2065

2060

2055

2050

2045

2040

2035

2030

2025

2020

2015

2010

2005

20th Century B.C.

20th Century B.C.

2000

1995

1990

1985

1980

1975

1970

1965

1960

1955

1950

1945

1940

1935

1930

1925

1920

1915

1910

1905

19th Century B.C.

19th Century B.C.

1900

1895

1890

1885

1880

1875

1870

1865

1860

1855

1850

1845

1840

1835

1830

1825

1820

1815

1810

1805

18th Century B.C.

18th Century B.C.

1800

1795

1790

1785

1780

1775

1770

1765

1760

1755

1750

1745

1740

1735

1730

1725

1720

1715

1710

1705

17th Century B.C.

17th Century B.C.

1700

1695

1690

1685

1680

1675

1670

1665

1660

1655

1650

1645

1640

1635

1630

1625

1620

1615

1610

1605

16th Century B.C.

16th Century B.C.

1600

1595

1590

1585

1580

1575

1570

1565

1560

1555

1550

1545

1540

1535

1530

1525

1520

1515

1510

1505

15th Century B.C.

1500

1495

1490

1485

1480

1475

1470

1465

1460

1455

1450

1445

1440

1435

1430

1425

1420

1415

1410

1405

14th Century B.C.

14th Century B.C.

1400

1395

1390

1385

1380

1375

1370

1365

1360

1355

1350

1345

1340

1335

1330

1325

1320

1315

1310

1305

13th Century B.C.

13th Century B.C.

1300

1295

1290

1285

1280

1275

1270

1265

1260

1255

1250

1245

1240

1235

1230

1225

1220

1215

1210

1205

12th Century B.C.

12th Century B.C.

1200

1195

1190

1185

1180

1175

1170

1165

1160

1155

1150

1145

1140

1135

1130

1125

1120

1115

1110

1105

11th Century B.C.

1100

1095

1090

1085

1080

1075

1070

1065

1060

1055

1050

1045

1040

1035

1030

1025

1020

1015

1010

1005

10th Century B.C.

1000

995

990

985

980

975

970

965

960

955

950

945

940

935

930

925

920

915

910

905

9th Century B.C.

9th Century B.C.

9th Century B.C.

900

895

890

885

880

875

870

865

860

855

850

845

840

835

830

825

820

815

810

805

8th Century B.C.

8th Century B.C.

800

795

790

785

780

775

770

765

760

755

750

745

740

735

730

725

720

715

710

705

7th Century B.C.

7th Century B.C.

700

695

690

685

680

675

670

665

660

655

650

645

640

635

630

625

620

615

610

605

6th Century B.C.

6th Century B.C.

600

595

590

585

580

575

570

565

560

555

550

545

540

535

530

525

520

515

510

505

5th Century B.C.

5th Century B.C.

500

495

490

485

480

475

470

465

460

455

450

445

440

435

430

425

420

415

410

405

4th Century B.C.

4th Century B.C.

400

395

390

385

380

375

370

365

360

355

350

345

340

335

330

325

320

315

310

305

3rd Century B.C.

3rd Century B.C.

300

295

290

285

280

275

270

265

260

255

250

245

240

235

230

225

220

215

210

205

2nd Century B.C.

2nd Century B.C.

200

195

190

185

180

175

170

165

160

155

150

145

140

135

130

125

120

115

110

105

1st Century B.C.

1st Century B.C.

100

95

90

85

80

75

70

65

60

55

50

45

40

35

30

25

20

15

10

5

1st Century A.D.

1st Century A.D.

5

10

15

20

25

30

35

40

45

50

55

60

65

70

75

80

85

90

95

100

2nd Century A.D.

2nd Century A.D.

105

110

115

120

125

130

135

140

145

150

155

160

165

170

175

180

185

190

195

200

3rd Century A.D.

3rd Century A.D.

205

210

215

220

225

230

235

240

245

250

255

260

265

270

275

280

285

290

295

300

4th Century A.D.

4th Century A.D.

305

310

315

320

325

330

335

340

345

350

355

360

365

370

375

380

385

390

395

400

5th Century A.D.

5th Century A.D.

405

410

415

420

425

430

435

440

445

450

455

460

465

470

475

480

485

490

495

500

6th Century A.D.

6th Century A.D.

505

510

515

520

525

530

535

540

545

550

555

560

565

570

575

580

585

590

595

600

7th Century A.D.

7th Century A.D.

605

610

615

620

625

630

635

640

645

650

655

660

665

670

675

680

685

690

695

700

8th Century A.D.

8th Century A.D.

705

710

715

720

725

730

735

740

745

750

755

760

765

770

775

780

785

790

795

800

9th Century A.D.

9th Century A.D.

805

810

815

820

825

830

835

840

845

850

855

860

865

870

875

880

885

890

895

900

10th Century A.D.

10th Century A.D.

905

910

915

920

925

930

935

940

945

950

955

960

965

970

975

980

985

990

995

1000

11th Century A.D.

11th Century A.D.

1005

1010

1015

1020

1025

1030

1035

1040

1045

1050

1055

1060

1065

1070

1075

1080

1085

1090

1095

1100

12th Century A.D.

12th Century A.D.

1105

1110

1115

1120

1125

1130

1135

1140

1145

1150

1155

1160

1165

1170

1175

1180

1185

1190

1195

1200

13th Century A.D.

13th Century A.D.

1205

1210

1215

1220

1225

1230

1235

1240

1245

1250

1255

1260

1265

1270

1275

1280

1285

1290

1295

1300

14th Century A.D.

14th Century A.D.

1305

1310

1315

1320

1325

1330

1335

1340

1345

1350

1355

1360

1365

1370

1375

1380

1385

1390

1395

1400

15th Century A.D.

15th Century A.D.

1405

1410

1415

1420

1425

1430

1435

1440

1445

1450

1455

1460

1465

1470

1475

1480

1485

1490

1495

1500

16th Century A.D.

16th Century A.D.

1505

1510

1515

1520

1525

1530

1535

1540

1545

1550

1555

1560

1565

1570

1575

1580

1585

1590

1595

1600

17th Century A.D.

17th Century A.D.

1605

1610

1615

1620

1625

1630

1635

1640

1645

1650

1655

1660

1665

1670

1675

1680

1685

1690

1695

1700

18th Century A.D.

18th Century A.D.

1705

1710

1715

1720

1725

1730

1735

1740

1745

1750

1755

1760

1765

1770

1775

1780

1785

1790

1795

1800

19th Century A.D.

19th Century A.D.

1805

1810

1815

1820

1825

1830

1835

1840

1845

1850

1855

1860

1865

1870

1875

1880

1885

1890

1895

1900

20th Century A.D.

20th Century A.D.

1905

1910

1915

1920

1925

1930

1935

1940

1945

1950

1955

1960

1965

1970

1975

1980

1985

1990

1995

2000

21st Century A.D.

21st Century A.D.

2005

2010

2015

2020

2025

2030

2035

2040

2045

2050

2055

2060

2065

2070

2075

2080

2085

2090

2095

2100

Map

Map

Map

Map

Map

Map

Map

Map

Map

Made in the USA
Las Vegas, NV
16 August 2024

93913111R00105